HISTORIAS
de la BIBLIA

Francisco Fernández

PARA NIÑOS

SÉLECTOR
ACTUALIDAD EDITORIAL

Historias de la Biblia para niños
D.R. © Francisco J. Fernández Defez

Adaptación de la obra original *La Biblia*
© Sergio Osorio, ilustración de portada e interiores
©Diseño de portada, Editorial Sélector

D.R. © Selector S.A. de C.V. 2023
Doctor Erazo 120, Col. Doctores,
C.P. 06720, México D.F.

ISBN: 978-607-453-800-7

Primera edición: septiembre de 2023

Impreso en México • *Printed in Mexico*

ÍNDICE

PRÓLOGO

Estás a punto de entrar al maravilloso mundo de las historias más interesantes de la Biblia, de conocer de dónde proceden nuestros principios, valores y tradiciones. Viajarás a los inicios del mundo, al momento en el que Dios creó la Tierra, los cielos, los mares, los animales e incluso al hombre.

Observarás cómo vivió la primera pareja de seres humanos: Adán y Eva, en el hermoso jardín del Edén; también sabrás por qué fueron expulsados de aquel lugar paradisiaco. Conocerás a Noé, el hombre que gracias a su bondad fue salvado por Dios del diluvio universal. La vida de Moisés, su nacimiento en la esclavitud, como niño hebreo, y su vida lujosa en la corte de Egipto. Viajarás con Jonás por los mares y varias ciudades y vivirás las emocionantes aventuras que el profeta vivió.

También acompañarás a Jesús y sus discípulos por las tierras de Israel y te sorprenderás de los extraordinarios sucesos que allá se vivieron.

Pero no te demores más, empieza la lectura y disfruta de las páginas que siguen.

LA CREACIÓN

En el principio de los tiempos, cuando sólo había agua, tinieblas, silencio y vacío, Dios creó el mundo.

—¡Hágase la luz! —dijo Dios.

Y la luz se abrió paso entre la oscuridad que lo cubría todo. Dios vio que la luz era buena y decidió separarla de las tinieblas. A la luz la llamó Día y a las tinieblas las llamó Noche. Todo eso sucedió durante el primer día.

El segundo día, Dios vio que todavía reinaba la confusión y dijo:

—¡Hágase el cielo sobre las aguas!

Entonces apareció una bella bóveda, el cielo, bajo el cual quedaron las aguas de un gran océano; así transcurrió el segundo día.

Cuando empezó el tercer día, todo era agua y cielo, de modo que Dios pensó que debía haber un lugar para lo húmedo y otro para lo seco, entonces dijo:

—¡Reúnanse las aguas que hay bajo el cielo en un solo lugar para que aparezca la parte seca!

Inmediatamente las aguas comenzaron a reunirse en un solo lugar y en otro surgió la parte seca. A la parte húmeda, Dios la llamó Mares, y, a la seca, Tierra. Él vio que lo que había creado era bueno, pero faltaba algo. Entonces dijo:

—¡Que la tierra produzca hierba, plantas que den semilla y árboles frutales!

Así fue. De la tierra surgieron plantas, árboles y hierbas, que llevaban dentro de sí su propia semilla. Dios vio que todo aquello era bueno. Entonces finalizó el tercer día.

Al cuarto día, Dios pensó en que hubiera algo en el cielo para que pudiesen distinguirse el día y la noche, las estaciones y los años.

—¡Que aparezcan en la bóveda del cielo lumbreras que ayuden a diferenciar el día de la noche, así como las estaciones y los años! —dijo Dios.

Entonces Dios creó el Sol para que dominase durante el día, y la Luna para que dominase la noche. También quiso crear las estrellas, para que alumbrasen sobre la Tierra.

Al finalizar el cuarto día, Dios contempló su obra y vio que era algo bueno, por lo que le gustó mucho.

Pero la obra de Dios no estaba acabada, aún faltaban varios elementos.

Durante el quinto día, Dios quiso poblar el mundo y para ello dijo:

—¡Que las aguas produzcan innumerables seres vivos, y que en el cielo aparezcan muchas aves que puedan volar!

Así creó Dios todas las especies de animales acuáticos que se desplazan por las aguas y todas las especies de aves que vuelan libres por el aire. Al ver Dios que aquello era bueno y que el mundo estaba lleno de vida, bendijo a todas las especies creadas y les dijo:

—Sean fecundos y multiplíquense, llenen de vida los mares y los cielos.

Entonces llegó a su fin el quinto día.

Al ver que todo lo que había creado era bueno, Dios dijo al inicio del sexto día:

—¡Que la Tierra produzca seres vivos de muchas especies: unos que caminen, otros que corran, otros que brinquen y otros que se arrastren; algunos salvajes, otros mansos!

Así fue como animales de las más distintas especies aparecieron sobre la faz de la Tierra. Cada especie tenía características propias, pero todas habitaban en armonía. Dios creyó que faltaba algo muy importante, un ser que pudiese dominar a los demás.

Entonces creó al hombre, y lo hizo igual como era Él, a su imagen y semejanza para que pudiera pensar, actuar y tener sentimientos. Dios lo bendijo y le ordenó:

—¡Ocupa el mundo y gobiérnalo!

Con estas palabras, Dios le concedió al hombre el privilegio de dominar a los animales y a las plantas, para que con ellos pudiera

alimentarse, pero no dejó sin sustento a los animales, sino que les dijo que ellos comerían plantas. De ese modo, la vida nunca se acabaría.

Así fue como al finalizar el sexto día, Dios comprobó que todo lo que había creado era bueno y bello.

Con la creación del hombre dio por concluida su tarea, de modo que el séptimo día lo dedicó a descansar de toda la obra que había hecho. Por ese motivo, bendijo y santificó el séptimo día.

EL HOMBRE Y LA MUJER EN EL JARDÍN DEL EDÉN

Hablemos más detenidamente de la creación del hombre, que Dios hizo a su imagen y semejanza. Dios tomó un puñado de tierra y sopló sobre ella; así fue como le insufló vida al primer hombre, a quien llamó Adán.

Luego, Dios plantó un bello jardín llamado Edén y en él dejó al hombre. Había plantas y árboles frutales para que Adán comiera y viviese feliz. Además, muchas especies de animales poblaban el jardín del Edén y todos los que allí habitaban vivían en paz.

Dios le dijo a Adán que les pusiese nombre a los animales, pero al ver que el primer hombre estaba muy solo, ya que ningún animal se parecía a él, decidió crear a otro ser humano que le hiciera compañía. Para ello, hizo que Adán se durmiese, tomó una de sus costillas, sopló sobre ella y creó a Eva, la primera mujer, surgida de la propia carne del primer hombre.

Todo lo que había en el Paraíso era de Adán y Eva, pues Dios se los había concedido. Pero había algo que ni Adán ni Eva podían tocar, así que Dios les dijo:

—Pueden comer los frutos de todos los árboles del jardín del Edén, excepto los que crecen de los dos árboles que coloqué en el centro. Son el Árbol de la Vida y el Árbol del Bien y del Mal. De ellos no pueden comer los frutos, pues en el momento que prueben uno solo de esos frutos, ciertamente morirán.

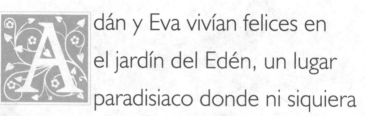

DESOBEDIENCIA DE ADÁN Y EVA

Adán y Eva vivían felices en el jardín del Edén, un lugar paradisiaco donde ni siquiera necesitaban ropa, pues debido a su inocencia no sentían vergüenza de su desnudez. En el jardín del Edén, el primer hombre y la primera mujer no pasaban carencias ni sufrían dificultades, pues todo lo tenían al alcance de la mano. Llevaban una vida sencilla, tranquila y plácida, porque Dios así lo había querido.

Pero un día apareció el animal más astuto de todos los que Dios había creado: la serpiente. Eva vio al reptil enroscado en una de las ramas del Árbol del Bien y del Mal. La serpiente, que sentía envidia de la pareja, observaba a Eva y pensaba lo que iba a decirle. De pronto, se acercó silenciosamente a ella y le dijo:

—Eva, ¿ya probaste todos los frutos del jardín del Edén?

—Sí, todos —contestó Eva, inocente—. Menos los de los árboles de la Vida y del Bien y del Mal. Dios nos lo prohibió.

—¿De veras Dios les dijo que no comieran los frutos de los dos árboles del centro del jardín? —preguntó la serpiente.

—Así es —continuó Eva—. Dijo que si probábamos sus frutos, moriríamos.

Entonces la serpiente repuso:

—Ciertamente no morirán. Lo que sucede es que Dios sabe que cuando coman los frutos de esos árboles, ustedes sabrán tanto como Él, abrirán los ojos y podrán distinguir entre lo que es bueno y lo que es malo, entonces serán como dioses.

Eva se detuvo unos instantes a observar el Árbol del Bien y del Mal. Se dio cuenta de que era precioso, de modo que pensó que sería bueno comer sus frutos y alcanzar la sabiduría que sólo Dios poseía. Sin perder tiempo, Eva estiró el brazo para tomar uno de los frutos del árbol prohibido y comérselo. Luego se acercó a Adán y le dijo:

—La serpiente me ha dicho que si comemos los frutos del árbol prohibido seremos como dioses.

Adán también cayó en la tentación, en la trampa que el astuto reptil les había tendido, y mordió el fruto.

Inmediatamente, los ojos de ambos se abrieron y pudieron comprender lo que era el bien y el mal. Entonces se dieron cuenta de que estaban desnudos y corrieron a cubrirse sus partes nobles con hojas de higuera.

Pero Dios, que todo lo ve, llegó al jardín para castigar a la desdichada pareja y a la serpiente. Aunque Adán y Eva procuraron esconderse entre los árboles del jardín, Dios los encontró y llamó al hombre.

—¿Por qué te escondes, Adán? —le preguntó.

—Me escondo porque me dio vergüenza que me vieras desnudo —contestó Adán tímidamente.

—¿Y por qué te avergüenzas de estar desnudo si siempre estuviste así? —le preguntó Dios—. ¿Acaso comiste los frutos del árbol del que te dije que no comieras?

—La verdad es que Eva me dio a probar uno de los frutos de ese árbol y yo comí —Adán respondió, lleno de temor.

Entonces, Dios se dirigió a la mujer, que todavía intentaba esconderse, y le preguntó:

—¿Por qué hiciste eso, Eva?

—La culpa no fue mía —repuso Eva—. Caí en la tentación. La serpiente me engañó y yo le hice caso.

Enojado por el pecado que sus dos criaturas habían cometido, Dios buscó a la serpiente y le dijo:

—A partir de ahora serás maldita entre todos los animales domésticos y entre todos

los animales del campo. Te condeno a arrastrarte sobre tu vientre eternamente, para que nunca dejes de comer polvo. Además, tú y la mujer siempre serán enemigas, igual que sus descendencias; la mujer te herirá a ti en la cabeza y tú a ella en el talón.

Luego Dios volteó hacia donde estaba la mujer y le dijo:

—Sólo te di una orden y me desobedeciste. Deberás sufrir terribles dolores durante el embarazo para poder dar a luz a tus hijos. Pero eso no será todo, tu deseo te llevará a tu esposo y él será tu dueño.

Por último, Dios se dirigió al hombre y con seriedad le dijo:

—Por obedecer a tu mujer y comer del árbol prohibido, la tierra será maldita. Comerás con dolor plantas del campo todos los días de

tu vida, y hasta que vuelvas a la tierra cuando mueras, pues de ella fuiste tomado, deberás trabajar y esforzarte para ganarte el pan con el sudor de tu frente, pues no supiste conservar la vida que tenías, en la cual todo lo conseguías con sólo estirar el brazo. Polvo eres y en polvo te convertirás.

Cuando finalizó sus sermones, Dios hizo vestidos de piel para Adán y Eva. Ellos se los pusieron y Dios les dijo:

—Ustedes quisieron igualarse a mí y comieron el fruto del Árbol del Bien y del Mal.

Dios dejó de hablar y pensó que si habían desobedecido una vez, bien podrían hacerlo nuevamente, y en el caso de que comieran los frutos del Árbol de la Vida, entonces Adán y Eva vivirían para siempre, por lo que dejarían de ser hombres. Para evitarlo, Dios les dijo:

—Los expulso del Paraíso para que tengan que trabajar para comer y vivir todos los días.

Entonces Dios arrojó al hombre del jardín del Edén para que labrase la tierra de la que había sido tomado. Pero no contento con ello, Dios puso querubines en el oriente del jardín del Edén, así como una espada incandescente que se movía sin cesar en todas direcciones, para proteger el Árbol de la Vida. Así fue como Adán y Eva fueron expulsados y nunca más pudieron regresar al jardín del Edén.

CAÍN Y ABEL

Ya fuera del jardín del Edén, Adán y Eva tuvieron dos hijos: Caín, el mayor, y Abel, el menor, a quienes recibieron con inmensa alegría. Todos los miembros de la familia vivieron los primeros años en paz, sin disputas ni pleitos.

Cuando los niños crecieron, ambos tuvieron que trabajar, igual que su padre. Caín se dedicó a labrar la tierra y Abel se ocupó de cuidar el rebaño de borregos. Ambos ejercían sus labores desde que amanecía hasta que anochecía.

Un día, pasado el tiempo, Caín ofreció a Dios uno de los productos que había sacado de la tierra, para que apreciara su trabajo. Del mismo modo, Abel le ofreció a Dios una de las primeras y más hermosas crías de sus borregos, como muestra de agradecimiento por los bienes que cada día les proporcionaba. Sucedió que Dios miró con cariño a Abel y su ofrenda, pero ignoró a Caín y a la suya. Por ese motivo, Caín sintió una terrible envidia y se puso triste.

Cuando Dios vio a Caín le dijo:

—¿Por qué sientes envidia y entristeces? Si haces lo bueno te irá bien, pero si haces lo malo, el pecado te seducirá. Debes dominar tus impulsos para no caer en el pecado.

Caín no le hizo caso a Dios y prefirió aumentar, en su corazón, la rabia y la envidia que sentía por su hermano. Día a día, el odio y la ira crecían, hasta que llegó el momento en que Caín no pensaba en nada que no fuese el rencor que albergaba. Un día, llamó a Abel con la excusa de que deseaba hablar con él en el campo. Cuando ambos estuvieron lejos de la vista de sus padres, sin decir ni una palabra, lo golpeó y lo asesinó.

Entonces, Dios, que había sido el único testigo del vil asesinato, se le apareció a Caín y le preguntó:

—¿Dónde está tu hermano Abel?

Caín, intentando disimular, le respondió:

—No lo sé. ¿Acaso soy yo su guarda y protector?

Dios, sin dejarse engañar y en un tono enfurecido, todavía más a causa de la mentira, repuso:

—¿Qué has hecho? La sangre de tu hermano me ha traído ante ti. Has cometido un crimen horroroso. ¡Maldito seas! Has ensuciado la tierra con la sangre de Abel y ahora, cuando vuelvas a trabajarla, ya no te dará sus frutos, de modo que irás de un lado para otro y vivirás huyendo en la tierra.

—¡El castigo que me impones es demasiado pesado para soportarlo! —exclamó Caín—. Me expulsas de la tierra y deberé esconderme de ti. Algún día, alguien me encontrará y me matará.

—Yo lo impediré —dijo Dios—. Quien se atreva a matarte será castigado siete veces.

Entonces, Dios hizo una señal en la frente de Caín, para que no lo matase cualquiera que lo encontrase.

Caín fue a vivir a la tierra de Nod, al oriente de Edén, donde se casó y tuvo un hijo, Enoc, nombre que también puso a la ciudad que él mismo edificó.

CORRUPCIÓN DE LA HUMANIDAD

En la época de Noé, en la Tierra ya había muchos habitantes. Los hombres se habían multiplicado a gran velocidad y habían ocupado varias partes del mundo. Pero estos seres humanos se olvidaron de las enseñanzas de Dios. Su comportamiento no era el correcto, pues sólo buscaban el mal y actuaban de modo egoísta, envidioso y miserable. Los hombres ya no eran seres bondadosos ni tampoco deseaban convivir en armonía.

Dios observó lo que sucedía en el mundo y se entristeció porque su obra parecía marchitarse, pues lo que Él había creado con tanto amor, se estaba convirtiendo en algo horrendo y deplorable, por tanto, perdía toda su grandeza y belleza. Entonces, se arrepintió de haber creado al hombre en la Tierra, de modo que planeó la forma de acabar con todos los seres vivos. Sin embargo, existía un hombre que era bueno, pues seguía los caminos y las enseñanzas de Dios, así que pensó que sería injusto castigarlo también a él. Ese hombre se llamaba Noé, quien tuvo por hijos a Sem, Cam y Jafet.

Cuando el Creador se decidió a llevar a cabo lo que había pensado, se dirigió a Noé para explicarle sus intenciones, pues estaba

seguro de que él lo comprendería y no dudaría en obedecerle.

—Noé, tú sabes que en la Tierra reinan el odio, la maldad y la violencia por culpa del hombre, quien no se ha comportado bien —le dijo—. Por ese motivo voy a acabar con él. Sin embargo, por haber sido un hombre bueno, tú te salvarás.

Para llevar a cabo esto, quiero que construyas un arca de madera dividida en compartimentos interiores. Luego, deberás cubrirla con brea por dentro y por fuera, para que el agua no la penetre. Sus medidas serán 126 metros de largo, 21 metros de ancho, y 12 metros y medio de alto. Deberá tener tres pisos, una ventana a un metro del techo y una puerta en uno de los lados. Si construyes

el arca con las instrucciones que te he dado, habrá en ella suficiente espacio.

Mientras tanto, Noé escuchaba atentamente las palabras de Dios. No le interrumpía, sólo esperaba a que terminara de contarle sus planes pues, no sabía lo que Dios pretendía.

—Mandaré un diluvio que inundará toda la Tierra —continuó Dios—. Todos los seres que habitan en ella morirán, pero haré un pacto contigo, Noé. En el arca entrarán tú, tu esposa, tus hijos y las esposas de tus hijos. Además, meterás en ella un macho y una hembra de cada especie animal. No olvides llevar contigo toda clase de alimentos, tanto para ti y tu familia como para los animales, ya que el diluvio durará bastante tiempo y te

será imposible salir del arca para conseguir provisiones.

Cuando Noé acabó de escuchar las palabras de Dios, puso manos a la obra. Trabajó muchos días sin descanso y después de algún tiempo, acabó de construir el arca como Dios indicó. Entonces, Dios le habló nuevamente.

—Veo que has seguido mis instrucciones al pie de la letra —le dijo—. Ahora métete en el arca con tu familia y con todos los animales como te indiqué. De los animales limpios y de las aves, toma siete parejas y de los demás sólo una. Si lo haces como te digo, todas las especies se salvarán, pues dentro de siete días castigaré a la Tierra con un diluvio que durará 40 días y 40 noches.

EL DILUVIO

Finalmente llegó el día elegido por Dios. El diluvio universal dio inicio cuando Noé tenía 600 años. La lluvia cayó sin cesar sobre la Tierra por 40 días y 40 noches. Dios rompió las fuentes del gran océano y abrió las puertas del cielo.

Llovió tanto que las montañas más altas quedaron cubiertas, de modo que el arca flotaba. Noé y sus acompañantes no podían ver otra cosa a su alrededor que agua. Aquel líquido transparente

hizo que el terror se apoderase de todos los seres vivos de la Tierra. Los hombres murieron ahogados, así como los reptiles, los animales domésticos, las aves, las bestias salvajes, es decir, todo ser viviente desapareció bajo las aguas enviadas por Dios. El agua subió siete metros por encima del nivel de las montañas, por lo que la tierra dejó de verse y la vida se extinguió: el panorama era desolador.

RESTAURACIÓN DE LA TIERRA

uando dejó de llover, las aguas aún permanecieron sobre la Tierra 150 días.

Entonces fue cuando Dios se acordó de Noé, su familia y los animales que iban a bordo del arca, y pensó que era el momento de que todo volviese a la normalidad. Sopló un fuerte viento y el nivel de las aguas empezó a descender. El arca, balanceándose suavemente, también fue descendiendo hasta que quedó posada en la cima del monte Ararat.

Noé, quien encerrado en el arca no podía ver si la Tierra estaba ya seca, soltó una paloma, pero como regresó en seguida, supo que no había podido posarse en ningún lugar, es decir, que la Tierra seguía inundada completamente. Siete días después, Noé volvió a repetir la operación. Nuevamente soltó a la paloma, pero esta vez regresó a la embarcación con una hoja verde de olivo en su pico. Entonces, Noé comprendió que el agua ya no cubría las ramas de los árboles y que la Tierra tardaría poco tiempo en estar totalmente seca. A los siete días, soltó de nuevo a la paloma; como ya nunca regresó, decidió que era el momento de salir del arca: la Tierra estaba otra vez seca.

De esta manera, los animales empezaron a multiplicarse sobre la faz de la Tierra, pues esa era la misión que Dios les había encargado en el momento de la creación.

Contento porque el hombre que había elegido no lo había defraudado, Dios le dijo a Noé:

—Salgan todos del arca para que vuelvan a ser fecundos y puedan multiplicarse sobre la faz de la Tierra.

Y así fue como sucedió.

PACTO DE DIOS CON NOÉ

Noé, en agradecimiento al Señor por haber dado una segunda oportunidad a los habitantes de la Tierra, edificó un altar en su honor. Dios se dirigió al único hombre que había sido bueno entre todos los malos, y dijo:

—Escúchame con atención, Noé. Nunca más volveré a destruir mi creación por culpa del hombre. Mientras la Tierra exista habrá siembra y cosechas; calor y frío, verano e invierno, día y noche.

Entonces, Dios bendijo a Noé y a su familia, diciéndoles con palabras dulces:

—Sean fecundos, multiplíquense y llenen la Tierra. Todo ser viviente les servirá de alimento, tanto plantas como animales, así que quedan a cargo de ustedes, pero no se les ocurra comer sangre de dichos animales, así como tampoco los animales derramarán sangre humana, pues pediré cuentas de esos actos.

Continuó Dios:

—Éste es mi pacto con ustedes, sus descendientes y todos los animales. Nunca volveré a exterminar la carne que haya sobre la Tierra mediante diluvio alguno. Ningún diluvio destruirá otra vez la Tierra. Como señal de este pacto que hago con la Tierra y sus habitantes, coloco un arco en las nubes. Así, cuando yo haga aparecer nubes para que produzcan lluvia, el arco aparecerá y yo recordaré el pacto que hice, de modo que las aguas nunca se convertirán en diluvio.

LA SOBERBIA HUMANA

Pasaron los años y los hombres vivían felices en Sinar. Pero la soberbia se apoderó pronto de sus corazones y creyeron que la bella ciudad no era suficiente para ellos. Entonces pensaron que era justo que esa ciudad tuviera una torre grandiosa, tan alta que llegara hasta las nubes, para así demostrar el poder de la comunidad.

Nuevamente se pusieron a trabajar, a fabricar más ladrillos con el fango y ponerlos al sol para que se secaran. Entonces empezaron a levantar la majestuosa torre.

Dios observó lo que los hombres hacían y se dijo:

—Los seres humanos no tuvieron suficiente con levantar una ciudad para vivir, sino que están construyendo una torre que simboliza su soberbia. Se consideran invencibles porque están todos juntos y hablan la misma lengua.

Entonces, Dios decidió que debía hacer algo para evitar que el hombre se sintiese un ser superior y soberbio.

—Haré que los hombres hablen diferentes idiomas para que no puedan entenderse y se vean obligados a separarse.

En seguida, Dios le dio a cada hombre un idioma distinto, y cuando los humanos intentaron comunicarse, se dieron cuenta de que cada quién lo hacía con unas palabras que los demás no podían entender.

Así, debido a su soberbia, los hombres se vieron obligados a abandonar la construcción de la torre, pero tampoco pudieron seguir habitando juntos la misma zona, pues el lenguaje es algo imprescindible para vivir en sociedad.

Finalmente, los descendientes de Noé tomaron diversos caminos y se separaron, para dirigirse a los lugares más distantes de la Tierra y así formar nuevas familias y pueblos.

LOS ISRAELITAS ESCLAVOS EN EGIPTO

legó un momento en el cual los israelitas que habitaban Egipto eran más numerosos que los propios egipcios. El rey de Egipto pensó que, en caso de guerra, los israelitas podrían unirse a otros pueblos y luchar en su contra, de modo que ordenó que se les impusieran duros trabajos, como cultivar la tierra y edificar pirámides, otros monumentos y ciudades enteras.

A pesar de vivir en la esclavitud, los israelitas continuaron propagándose y multiplicándose, como si los trabajos forzados no les afectaran.

Alarmado, el faraón de Egipto le dijo a su pueblo:

—Arrojen al río Nilo a todo niño hebreo (israelita) que nazca en mis tierras; sólo quiero que vivan las niñas.

Así, los egipcios asesinaron a cuanto niño nació, pero una mujer hebrea logró esconder a su hijo durante tres meses. Pasado aquel tiempo, la madre, con el corazón lleno de tristeza, comprendió que no podría ocultar al niño durante más días. Decidió colocarlo en una cesta y dejarlo entre los juncos de la orilla del Nilo. Entonces, le pidió a su hija mayor que lo siguiese a lo largo del río para ver qué ocurría.

Mientras la hija del faraón se bañaba en el Nilo, llegó a sus manos la cesta; al abrirla pensó que aquel niño podía ser hebreo. Primero dudó, pero movida por la compasión, decidió no permitir que la criatura muriera. Entonces apareció la hermana del niño y le dijo a la hija del faraón que ella podía conseguir una nodriza hebrea que lo alimentara hasta que fuera un poco mayor.

La hija del faraón aceptó. La muchacha llevó el niño a su madre, quien contenta por haberlo salvado de una muerte segura, lo amamantó hasta que creció. En ese momento, tal y como habían acordado, la hija del faraón fue a recoger al niño y se lo llevó al palacio. Allí, lo hizo pasar por su hijo y le puso por nombre Moisés, que significa "recogido de las aguas".

MOISÉS CRECE ENTRE LOS EGIPCIOS

La infancia y la adolescencia de Moisés transcurrieron en la corte de Egipto. Cuando ya fue un hombre, salió a ver cómo vivían los hebreos en aquel país. Al comprobar que sus hermanos sufrían la esclavitud mientras él estaba rodeado de lujos, se sintió avergonzado.

Un día, mientras paseaba por la ciudad, fue testigo de la agresión, por parte de un egipcio, a un hebreo. Moisés miró a uno y otro lado; al comprobar que no había nadie, asesinó al egipcio y

lo enterró bajo la arena. Al día siguiente, durante otro paseo, vio que dos hebreos peleaban entre ellos, de modo que le dijo al culpable:

—¿No ves que estás golpeando a alguien de tu misma sangre?

El ofensor le contestó:

—¿Quién eres tú para juzgarme? ¿Acaso piensas matarme como al egipcio?

Moisés se sorprendió al oír aquellas palabras, pues supo que su asesinato no había quedado en secreto. Tuvo miedo, pues si el faraón llegaba a saber que había asesinado a un egipcio, lo castigaría con severidad. Así sucedió. El crimen llegó a oídos del faraón, quien decidió acabar con la vida de Moisés. Pero éste no se dejó. Antes de que el faraón lograse capturarlo, Moisés huyó de Egipto y después de atravesar el desierto, llegó a la tierra de Madián.

Jetro, el sacerdote de Madián, tenía siete hijas, las cuales se encargaban de sacar agua de un pozo para dar de beber a las ovejas de su padre. Justo el día en que Moisés había llegado a aquel lugar, unos pastores vecinos pretendieron robar el agua del pozo y atacar a las hijas del sacerdote. Armado de valor, Moisés defendió a las jóvenes y expulsó a los pastores.

Como agradecimiento por el bondadoso comportamiento, Jetro entregó a su hija mayor, Séfora, a Moisés, para que se casaran. Así, Moisés se unió a Séfora y ambos vivieron en Madián, donde tuvieron un hijo a quien llamaron Gersón, que quiere decir "forastero en tierra extranjera".

MOISÉS RECIBE EL MENSAJE DE DIOS

Pasaron los años y el faraón de Egipto murió, pero los hebreos o israelitas seguían viviendo en pésimas condiciones debido a su esclavitud, por lo que clamaban a Dios. Dios escuchó las súplicas de los hebreos. Un día, cuando Moisés cuidaba las ovejas, decidió hablarle. Moisés vio una luz en la cima de un monte y cuando ascendió comprobó que era una llama de fuego en medio de un arbusto. Lo extraño era que el arbusto no se consumía por el fuego. Moisés continuó acercándose y fue cuando escuchó una voz que le dijo:

—¡Moisés, Moisés! Estás en tierra sagrada, en mi hogar. Yo soy el Dios de tus antepasados: Abraham, Isaac y Jacob.

Mientras Moisés se tapaba la cara, pues tenía miedo de mirar a Dios, éste continuó:

—Conozco los sufrimientos de mi pueblo y he oído su clamor. Por eso he venido, para sacarlo de Egipto y conducirlo a una tierra buena y amplia, una tierra donde fluye leche y miel. Tú deberás ir a Egipto y obligar al faraón a que deje en libertad a los hijos de Israel.

—El faraón es cruel y nunca me hará caso —respondió Moisés.

—No te preocupes, Moisés —repuso Dios—. Yo estaré contigo. Cuando liberes a mi pueblo de los egipcios, regresarás a este monte para servirme.

—¿Y qué les diré yo a los hijos de Israel en Egipto cuando me pregunten tu nombre?

—preguntó Moisés.

—YO SOY EL QUE SOY, así responderás a los hijos de Israel. Hazme caso y diles lo que yo te he dicho. Si el faraón no accede a tus peticiones, mi mano actuará.

—¿Y si no creen que he hablado contigo? —dijo Moisés.

—Arroja al suelo la vara que tienes en tu mano —contestó Dios.

Entonces, la vara se convirtió en serpiente y Moisés empezó a correr para huir de ella.

—Ahora, tómala por la cola —le ordenó seriamente Dios.

Moisés obedeció: la serpiente volvió a transformarse en vara.

—Si después de esto no te creen —dijo Dios—, tomarás agua del Nilo y la derramarás en tierra seca; entonces se convertirá en sangre.

—Pero yo soy hombre de pocas palabras —replicó Moisés—. ¿Por qué no envías a otra persona?

—Si necesitas ayuda, estoy seguro de que tu hermano Aarón te la prestará con gusto. Él te espera en Egipto.

MOISÉS Y AARÓN VISITAN AL FARAÓN

Moisés partió a Egipto y se reunió con su hermano Aarón. En primer lugar, explicaron a su pueblo lo que Dios había dicho; como el pueblo creyó en ellos, los hermanos se dirigieron al palacio para hablar con el faraón.

—El Dios de Israel te ordena que dejes libre a su pueblo —dijeron Moisés y Aarón al faraón.

—Yo no conozco a ningún Dios de Israel y, por tanto, no dejaré que su pueblo se marche de Egipto —contestó el faraón con arrogancia.

Entonces, Dios demostró su poder.
Logró que la vara de Moisés se transformase
en serpiente, pero el faraón siguió sin creer en
el Dios de Israel; ordenó a sus magos que
convirtieran varas en serpientes. Los magos
egipcios lo consiguieron, pero la serpiente de
Moisés se comió a las demás.

—¡Nunca lograrán que deje en libertad a
su pueblo! —exclamó el faraón, cada vez más
enojado.

Dios, al ver la tozudez del faraón,
comunicó a Moisés que enviaría diez plagas
terribles para castigar a Egipto.

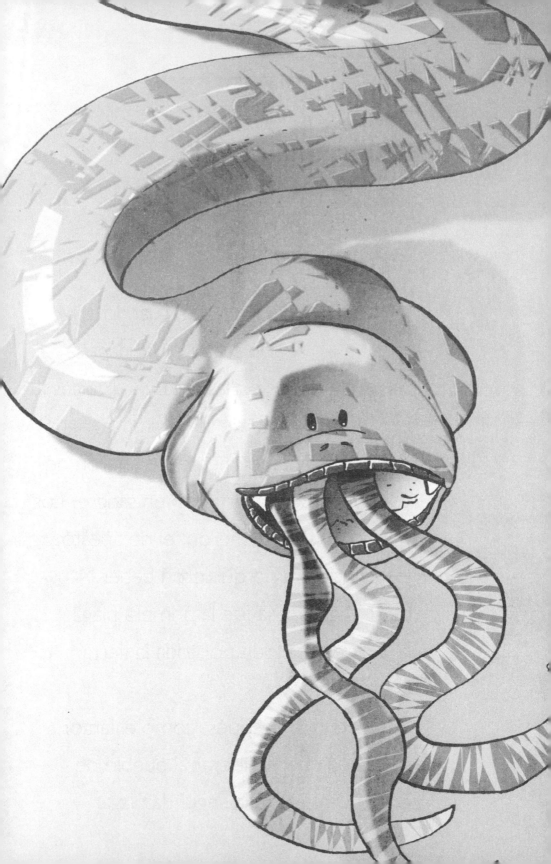

LAS DiEZ PLAGAS

l día siguiente, cuando el faraón salió por la mañana a las orillas del Nilo, Moisés introdujo la punta de su vara en las aguas del río. Instantáneamente, se tiñeron de color rojo; se convirtieron en sangre. Los peces del Nilo murieron, el río apestó y los egipcios ya no quisieron beber de sus aguas. Ésa fue la primera plaga: la sangre esparcida por toda la tierra egipcia.

Siete días después, como el faraón seguía sin querer liberar al pueblo de Israel, Dios envió la segunda plaga.

Millones de ranas cubrieron las tierras de Egipto, se perdieron las cosechas y las casas. El faraón prometió a Moisés que a la mañana siguiente dejaría libres a los israelitas. Entonces, Dios hizo que las ranas se marchasen. Pero cuando el faraón vio a su pueblo limpio de ranas, no cumplió su palabra. Dios envió la tercera plaga.

Moisés pidió a Aarón que extendiera la vara sobre el polvo de la tierra y aparecieron millones de piojos, que fueron a posarse sobre hombres y animales, pero el faraón endureció su corazón. No hizo caso a la petición de Moisés.

La cuarta plaga consistió en grandes nubes de moscas que cubrieron la tierra y que llegaron incluso al palacio del faraón. Éste volvió a prometer a Moisés que al siguiente

día liberaría a los israelitas. Cuando Dios hizo que las moscas desaparecieran, el faraón no cumplió su palabra.

Dios envió más plagas. La quinta fue una peste que mató a todos los animales de los egipcios, pero no a los de los israelitas. La sexta plaga consistió en un polvo que cayó sobre los egipcios, que les produjo úlceras en la piel. Durante la séptima, el granizo arrasó con todo lo que había en Egipto; cuando las piedras heladas caían sobre la tierra, se convertían en llamas. El faraón se asustó tanto que nuevamente le dijo a Moisés que dejaría libre a su pueblo.

Pero el faraón, con el corazón cada vez más endurecido, volvió a mentir y Dios no tuvo más remedio que enviar la octava plaga: una terrible invasión de langostas que

destruyeron las cosechas que quedaban en Egipto.

La oscuridad y las tinieblas fueron la novena plaga. Durante tres días, los egipcios no pudieron verse unos a otros, de modo que tuvieron que permanecer quietos en un lugar, sin moverse.

El faraón, sumamente enfurecido, llamó a Moisés y le dijo:

—¡Nunca dejaré libre al pueblo de Israel! En cuanto a ti, ¡márchate de mi presencia, no quiero volver a ver tu cara! ¡El día que la vuelva a ver, morirás!

Después de aquello, Dios le habló a Moisés para decirle:

—La décima plaga será la última, pero también la peor. El faraón no podrá resistirla y liberará a mi pueblo. El primer hijo de cada

egipcio morirá, así como el primer hijo del faraón. También morirá la primera cría de cada animal.

Moisés contó a su pueblo los planes del Dios de Israel. Luego fue a ver al faraón, quien no quiso hacerle caso.

A la mañana siguiente, sobre la tierra de Egipto, yacían los cadáveres de miles de hombres y de crías de animales egipcios.

El faraón, ante la tristeza de ver a su hijo muerto, así como a los demás primogénitos de los súbditos, llamó a Moisés y Aarón, y les dijo:

—¡Váyanse de Egipto, ustedes y su pueblo! ¡Vayan a servir al Dios de Israel! ¡Tomen sus borregos y sus vacas y márchense!

LOS ISRAELITAS SALEN DE EGIPTO

Después de 430 años viviendo como esclavos en las tierras de Egipto, los israelitas eran libres. Todos los hijos del Dios de Israel tomaron sus posesiones y se formaron para partir hacia la tierra donde fluye leche y miel.

Dios, por su parte, no permitió que los israelitas buscasen dicha tierra por el camino más corto.

—Si mi pueblo no sufre dificultades durante el trayecto —pensó—, es muy posible que cuando tengan que enfrentar

su primer problema, añoren Egipto y quieran regresar.

Así, Dios los hizo caminar dando un largo rodeo por el desierto para llegar al Mar Rojo.

Formados como un ejército, los hebreos iniciaron la marcha. Además de sus pertenencias, llevaban con ellos los restos de José, el hijo de Jacob, quien fue el primer hombre israelita en llegar a Egipto.

Después de mucho caminar por el desierto, Dios dijo a Moisés que su pueblo acampase a orillas del Mar Rojo. Pero el faraón de Egipto se había arrepentido de dejar en libertad a los hebreos, pues ya nadie trabajaba para los egipcios. Dio la orden a sus tropas para que saliesen a perseguirlos; él mismo las acompañó.

Los israelitas, al ver que los egipcios llegaban y que no tenían escapatoria, pues el mar les impedía huir, voltearon hacia Moisés y le dijeron:

—¿Nos has liberado de Egipto para morir en el desierto? ¡Habría sido mejor servir a los egipcios!

—¡Tengan esperanza! —exclamó Moisés—. ¡El Dios de Israel no permitirá que les suceda nada!

Entonces, Moisés alzó su vara en dirección al cielo y, de pronto, el Mar Rojo empezó a abrirse y en medio quedó un camino seco. Así demostró Dios su gloria ante el faraón y los egipcios.

Mientras los hebreos caminaban entre dos muros de agua, una nube de polvo y fuego

impedía el paso de los egipcios, hasta que, finalmente, todos los perseguidos llegaron a la otra orilla del mar, la nube desapareció y los egipcios entraron en el camino que se había abierto en medio del mar.

Moisés extendió su brazo sobre el mar y las aguas volvieron a unirse. No sobrevivió ni un solo egipcio; todos murieron ahogados en las aguas del Mar Rojo. Por su parte, los israelitas temieron a su Dios y creyeron en Él, así como en Moisés.

MOISÉS EN EL MONTE SINAÍ

Tres meses después de haber salido de Egipto, los israelitas llegaron al desierto del Sinaí, donde decidieron acampar, frente al monte del mismo nombre. Mientras Moisés paseaba cerca del monte, escuchó a Dios que lo llamaba. Moisés subió y Dios dijo lo siguiente:

—Debes decirle a los israelitas que yo los salvé de los egipcios, y que si me respetan y siguen mi consejo, serán un pueblo privilegiado sobre los demás y cumpliré mi palabra de llevarlos a la tierra donde fluye leche y miel. Moisés

descendió del monte Sinaí y dijo a su pueblo las palabras de Dios.

—¡Haremos todo lo que Dios ha dicho! —gritó el pueblo de Israel. Entonces, Moisés volvió a la cima del monte Sinaí y dijo a Dios que el pueblo lo honraría eternamente.

—Dentro de tres días iré a buscarte en una nube y te hablaré para que todos puedan oírme. También debes señalar los límites del monte para que nadie intente cruzarlos, pues quien lo haga, morirá.

Al llegar el tercer día, el monte Sinaí empezó a humear y estremecerse. El pueblo de los israelitas salió para escuchar a Dios. Mientras Moisés hablaba, Dios respondía mediante ruidosos truenos.

Moisés obedeció. Cuando estuvo en la cumbre del monte Sinaí, Dios le habló.

LOS DIEZ MANDAMIENTOS

Lo que Dios comunicó a Moisés fueron las leyes por las cuales debía regirse el pueblo israelita, así como los principios que tendrían que respetar acerca de todas las cosas y los actos que deberían efectuar. Finalmente, cuando Dios acabó de hablar, entregó a Moisés dos tablas que resumían todas aquellas leyes, tablas de piedra en las que Dios había escrito con su dedo los Diez Mandamientos.

Como Moisés tardaba mucho en descender del monte debido a que Dios

le habló durante mucho tiempo, los israelitas pidieron a Aarón que fabricase un Dios, pues no sabían qué había sucedido con el del monte Sinaí ni tampoco con Moisés. Aarón dijo que proporcionaran todas las piezas de oro que tuvieran; con ellas hizo un becerro dorado al cual todos adoraron durante una gran fiesta en la que se derrochó bebida y comida, y se consideró a aquel becerro de oro como el salvador de Israel de las garras de los egipcios.

Al ver aquel acto, Dios dijo a Moisés:

—Ya puedes descender con tu pueblo, un pueblo que ha renegado de mí y que adora a un becerro de oro como a su libertador. Los israelitas se han apartado muy pronto del camino que les marqué. Ahora deberán sufrir las consecuencias de mi furia.

Cuando Moisés contempló lo que su pueblo había hecho, la ira invadió su cuerpo, arrojó las tablas contra el suelo y quedaron hechas pedazos. Después Moisés reprendió a los israelitas, especialmente a Aarón, y regresó a la cima del monte.

—Como castigo por la falta de respeto que he recibido del pueblo de Israel —dijo Dios—, deberán vagar errantes por el desierto durante 40 años. Antes no lograrán encontrar la Tierra Prometida.

Así fue como Moisés condujo al pueblo hebreo a través del desierto durante 40 años.

Después de todo ese tiempo, los hebreos llegaron muy cerca de Canaán, la Tierra Prometida, donde fluye leche y miel, entonces Moisés murió, lo suplió Josué, quien se encargó de llevar a su pueblo a las murallas de Jericó. Allí, los israelitas tocaron las trompetas durante seis días. Al séptimo, las murallas cayeron por sí solas. El pueblo de Israel había alcanzado la Tierra Prometida por su Dios.

JONÁS HUYE DE SU MISIÓN

n día apacible, cuando Jonás, hijo de Amitai, se encontraba descansando como de costumbre, Dios se dirigió a él para encomendarle una importante misión.

—Levántate y ponte en camino hacia Nínive, la gran ciudad —le dijo, con tono severo en su voz—. Cuando llegues a tu destino, predica que pronto la destruiré porque sus habitantes han pecado demasiado contra mí y deben pagar por ello.

Jonás sabía perfectamente que Nínive era una ciudad enorme, de las más grandes del reino, en donde vivía mucha gente y estaba gobernada por hombres muy poderosos.

Jonás, aunque era gran devoto de Dios, tuvo miedo de viajar a Nínive para predicar su destrucción, pues desconocía cómo tomarían aquel anuncio los habitantes de esta ciudad, de modo que pensó que lo mejor sería huir en dirección contraria, a un sitio alejado donde el Señor no pudiera encontrarlo.

Jonás se dirigió al muelle caminando lentamente, mientras pensaba en el mandato de Dios. Al llegar, estudió los diversos destinos a los que se dirigían algunos de los barcos;

finalmente compró un pasaje para un navío que partía hacia Tarsis, una ciudad alejada de Nínive, y se hizo a la mar.

—Cuando llegue a Tarsis podré descansar y Dios no me encontrará —pensó Jonás.

Pero estaba muy equivocado, pues Dios lo ve todo y nadie puede esconderse de Él.

UNA TERRIBLE TEMPESTAD

 penas Jonás llevaba dos días navegando hacia Tarsis y ya se creía fuera del alcance de Dios, quien lo quiso castigar por su desobediencia y su cobardía, así que produjo un fuerte viento sobre el mar. Pronto, el cielo tomó un color negruzco y las nubes se cayeron literalmente; al cabo de un rato se desató una terrible tempestad.

El barco no pudo resistir los embates del mar, totalmente encabritado, y empezó a tambalearse de un lado hacia otro.

Era tanto el movimiento que parecía que en cualquier momento fuera a partirse en dos. Los tripulantes nunca habían visto algo tan terrorífico y angustiante, de modo que corrían por toda la cubierta mientras invocaban a su dios, arrojando la carga que encontraban a su paso para que el barco perdiera peso y recuperase el equilibrio.

El miedo se apoderó de los marineros, pero Jonás, quien dormía profundamente en la parte baja de la embarcación, no estaba enterado de lo catastrófico y peligroso de la situación.

Entonces, el capitán del barco descendió a las bodegas y encontró a Jonás durmiendo plácidamente.

—¡Dormilón! —le gritó, mientras lo despertaba dándole fuertes palmadas en el

hombro—. ¿Qué haces aquí tan tranquilo? ¿Es que no te das cuenta de lo que está sucediendo? ¡El mar se ha enfurecido y el barco no tardará en hundirse! ¿Por qué no invocas a tu dios como hacen los demás tripulantes? ¡No es momento para descansar!

El resto de la tripulación llegó a donde estaba Jonás y decidieron echar volados para averiguar por culpa de quién ocurría aquella desgracia. Cuando le tocó a Jonás, todos supieron quién era el culpable.

—¿Qué pecado has cometido? ¿Quién eres y de dónde vienes? —preguntaron al mismo tiempo aquellos hombres, quienes miraban a Jonás con ojos de odio.

Jonás respondió:

—Soy Jonás, hijo de Amitai. Soy hebreo. Temo a Dios porque he desobedecido y he querido esconderme de su ira. Él me ordenó que viajase a Nínive para anunciar su destrucción, pero me acobardé y embarqué hacia Tarsis, pues tuve miedo de lo que los habitantes de ese lugar pudieran hacerme cuando se enteraran de que la ciudad desaparecería.

—Pues ya ves —respondieron los marineros—, el mar está cada vez más embravecido y todos moriremos por tu culpa. Nunca debiste haber desobedecido. ¿Qué podemos hacer para calmar a tu dios? Su poder es muy grande, pues ha sido capaz de sacudir los cielos y las aguas.

Jonás meditó durante unos segundos su respuesta; al ver que aquella gente no tenía por qué pagar debido a su desobediencia, dijo finalmente:

—El único remedio para lograr que el mar se calme es que ustedes me arrojen a él. La tempestad se ha producido por mi culpa y debo asumir un castigo justo. Moriré ahogado para que Dios aplaque su ira. Ustedes no merecen morir por un pecado que yo cometí.

Al principio, la tripulación tuvo miedo de arrojar a Jonás al mar porque no querían matar a nadie. También existía la posibilidad de que Jonás estuviera loco y hubiese mentido, entonces Dios los castigaría a ellos por haber matado a un hombre inocente. Lo mejor era actuar hasta estar seguros de lo que Jonás les

había contado. Mientras tanto, los marineros continuaron remando para intentar estabilizar el barco, pero todos sus esfuerzos fueron en vano: la tormenta no cesaba y el navío continuaba moviéndose de un lado a otro bruscamente, sin que pudieran controlarlo. Cada vez estaba más claro que en pocos minutos se hundiría irremediablemente.

Entonces, se acercaron a Jonás y le dijeron que estaban dispuestos a llevar a cabo el sacrificio. Jonás, arrepentido de lo que había hecho, dijo que podían arrojarlo al mar cuando quisieran. En seguida, algunos marineros lo alzaron y lo echaron al agua, e inmediatamente el cielo se despejó y la tempestad terminó.

JONÁS EN EL VIENTRE DE LA BALLENA

Pero Dios, cuya bondad es infinita, no quiso que Jonás se ahogase en el mar, pues envió una ballena para que se lo tragara y le diera refugio en su vientre. Jonás permaneció en el vientre del gran mamífero durante tres días y tres noches, mientras oraba en señal de agradecimiento a Dios.

—Te llamé y Tú has hecho caso a mis súplicas, aun cuando te desobedecí y actué de forma cobarde —oró Jonás—. Tú, Dios de los cielos y los mares, me arrojaste al agua; las olas y la corriente

estuvieron a punto de ahogarme. Estuve rodeado de algas y muchos animales acuáticos, descendí a las profundidades, al lugar donde nacen las montañas, supliqué tu ayuda, nunca perdí la esperanza de que me perdonaras, aunque pensé que jamás ocurriría. Te invoqué y tu grandeza acudió a mí para salvarme, para hacerme subir del abismo y llegar a tu templo.

Estas palabras y otras no menos bellas dijo Jonás mientras viajaba en el vientre de la ballena; aun cuando no sabía dónde se encontraba ni hacia dónde iba, su fe en Dios lo hizo fuerte y supo que no moriría.

—¡Dios, no volveré a desobedecerte! ¡Haré lo que te prometí! ¡Cumpliré mi palabra! —exclamó Jonás.

Entonces, en aquel preciso instante, el Señor le habló a la ballena y ésta vomitó a Jonás sobre la tierra.

—Levántate y dirígete a Nínive sin perder tiempo, pues ya tardaste demasiado —le dijo Dios por segunda vez a Jonás—. Sé que esta vez no me desobedecerás. Cuando llegues deberás hablar de la próxima destrucción de la gran ciudad a causa de los pecados de sus habitantes. Camina por todas las calles de Nínive y di en voz alta lo que te ordeno: no debe quedar ni uno de sus ciudadanos sin oír tus palabras.

Jonás escuchó con atención lo que Dios le decía, se levantó del piso y se puso en camino hacia Nínive, una ciudad tan grande que se tardó unos tres días en recorrerla de un extremo a otro.

JONÁS EN NÍNIVE

espués de haber caminado por lugares que desconocía absolutamente, Jonás llegó a Nínive para recorrer sus calles y comunicar lo que Dios le había dicho.

—¡Dentro de 40 días, Nínive será destruida! —exclamaba por donde pasaba—. ¡Todos ustedes han pecado contra Dios y se han comportado vilmente! ¡El Señor descargará su ira contra esta ciudad que tan lamentablemente ha servido a su grandeza! ¡Y no se molesten en

arrepentirse, ya que es demasiado tarde y el castigo inevitable!

Jonás esperaba que los ciudadanos de Nínive se rebelaran contra él cuando lo escucharan, pero ocurrió todo lo contrario. Los habitantes de Nínive creyeron en Dios, iniciaron varios días de ayuno, vistieron ropa vieja y gastada, se cubrieron de ceniza en señal de penitencia y ofrecieron sacrificios a Dios para que perdonara sus pecados.

También el rey de Nínive, arrepentido de haber actuado contra el Señor, apoyó la iniciativa de su pueblo y ordenó que nadie dejara de rogar a Dios con todas sus fuerzas.

—¡De este modo —dijo el rey—, tal vez logremos que Dios se arrepienta y decida no castigarnos! ¡Ojalá no sea demasiado tarde!

Entonces, Dios vio que la gente de Nínive estaba arrepentida de sus malas acciones y oraba pidiendo clemencia. Por esta razón, decidió que sería bueno darles otra oportunidad a aquellos hombres para que vivieran sin caer en el pecado.

JONÁS NO ESTÁ DE ACUERDO CON EL PERDÓN DE DIOS

Pero aquella bondadosa decisión de Dios no le pareció bien a todo el mundo. Jonás, quien esperaba un castigo ejemplar para la población de Nínive, se enojó y oró a Dios del siguiente modo:

—¡Ahora veo que tenía razón! ¡Por eso no quise venir la primera vez que me ordenaste venir a Nínive! ¡Pensé que era mejor viajar a Tarsis! ¿De qué me sirvió haber venido a Nínive? ¡Yo ya sabía que tú eres un Dios compasivo

y que controlas tu ira! ¡Ya sabía que eres misericordioso y que no deseas hacer el mal!

Jonás estaba cada vez más enojado y seguía pronunciando palabras de ira y desprecio. Finalmente le dijo a Dios:

—¡Oh, Dios! ¿Para qué sirve mi vida? ¡Es mejor que me la quites a vivir así!

Dios trató de calmar a Jonás, y le dijo:

—¿Por qué te enojas tanto? Has sido testigo de que los habitantes de Nínive están arrepentidos de sus pecados. ¿No te parece suficiente esa admirable acción? Además, si sabes que soy misericordioso, ¿por qué no entiendes mi decisión?

Pero Jonás no se sintió mejor con las palabras bondadosas de Dios y siguió enojado.

DIOS DA UNA LECCIÓN MÁS A JONÁS

Cuando Jonás abandonó Nínive, la gran ciudad perdonada por Dios, se detuvo a descansar en una llanura al oriente de ella; todavía tenía la esperanza de que algo sucediese. Mientras esperaba, se sentó bajo unas ramas que daban buena sombra.

Dios hizo crecer en aquel lugar una higuera, para que la sombra que protegiese a Jonás fuera mayor y estuviera más cómodo, así que él, al ver la nueva planta, se puso muy contento aunque no supo que aquello era gracias a Dios.

Jonás, mientras tanto, pasó todo el día tumbado debajo de las ramas, sin hacer el menor esfuerzo, esperando que cayera alguna desgracia sobre Nínive y castigara a sus ciudadanos.

Pero Dios, que pretendía darle a Jonás una buena lección, al llegar la noche hizo que unos gusanos atacaran la higuera.

Por la mañana, cuando Jonás despertó de una larga y plácida noche de sueño, se dio cuenta de que las hojas de la higuera estaban agujereadas. El gusano había cumplido su misión a la perfección. De la inmensa sombra que el día anterior lo había protegido no quedaba ni rastro. Entonces, Dios dispuso que en el cielo brillase un sol sofocante. Los rayos del astro de fuego llegaban directamente a la

cabeza de Jonás, quien después de varias horas sufrió una fuerte insolación.

—¡Señor mío! —exclamó Jonás, sintiendo que se desmayaba por el efecto del sol—. ¡Prefiero morir que vivir de esta manera tan dolorosa! ¡Escucha mis ruegos y quítame la vida! ¡Demuestra también tu bondad y clemencia conmigo! ¿Qué sucedió con las hojas de la higuera? ¿Qué culpa tenía la planta?

Dios, al ver la desesperación de Jonás, repuso:

—Jonás, ¿te parece correcto enojarte por lo que le ha ocurrido a una simple higuera?

Jonás respondió:

—¡Me parece bien enojarme! ¡También me parece bien desear la muerte antes que vivir así!

Entonces, Dios le dio a Jonás el escarmiento que merecía.

—Tú te enojas por una higuera, la cual no plantaste ni trabajaste para conservarla —le dijo—. Una noche llegó y a la mañana siguiente ya no estaba. En cambio, a mí me pedías que no tuviese piedad y compasión de los más de 100,000 habitantes de Nínive, entre los cuales se encuentran muchos inocentes.

Así demostró el Señor a Jonás su infinita bondad, una bondad que le impedía castigar a hombres que se habían mostrado arrepentidos de las malas acciones realizadas en el pasado, algo a lo que todos nosotros estamos expuestos, por lo que no merecemos un castigo tan cruel como el que Jonás solicitaba.

ANUNCIACIÓN A MARÍA DE LA LLEGADA DE JESÚS

En tiempos del emperador Augusto, vivía en Nazaret, una ciudad de Judea, una joven llamada María, la cual estaba comprometida con un hombre llamado José.

De modo sorpresivo, una tarde, mientras María realizaba tranquilamente sus labores, se le presentó un ángel de Dios, quien desde el cielo le dijo estas bonitas palabras: —¡Salve, María, bendita seas entre todas las mujeres, pues el Señor está contigo!

María, al ver a aquel hermoso ser celestial que desplegaba majestuosamente sus alas y al que cubría una luz que casi la cegaba, se arrodilló y abrió los brazos humildemente. El ángel enviado de Dios, al observar el gesto y la postura de la joven, siguió hablándole.

—Muy pronto tendrás un hijo a quien deberás llamar Jesús —le dijo—. Todo el mundo dirá que Jesús es el Hijo de Dios y todos los pueblos del mundo lo adorarán. Además —añadió el ángel—, su reino no tendrá fin.

María, extrañándose de las palabras del bello ángel, le contestó con su delicada voz:

—No creo que eso pueda suceder, porque yo no he tenido relaciones con ningún hombre hasta ahora. Mi prometido es José, pero todavía no nos hemos casado.

—No hay nada imposible para Dios,
el Creador —repuso el ángel—. El Espíritu
Santo vendrá sobre ti y el Altísimo te protegerá
con su sombra. Sólo espera y verás que lo que
te digo es cierto.

María continuó arrodillada y con los brazos
abiertos, con su gesto humilde y servicial, y
finalmente, le dijo al enviado de Dios:

—Mírame. Soy María, sierva del Señor,
de modo que debe cumplirse en mí lo que tus
palabras han venido a anunciar. ¡Si Dios lo ha
ordenado, bienvenido sea!

Entonces, poco a poco, la luz del ángel
empezó a apagarse y María recordó con
alegría algo que le había sucedido a su prima
Isabel: Hacía mucho tiempo que Isabel había

superado la edad en la cual las mujeres pueden tener hijos, pero un día quedó embarazada de su esposo Zacarías, quien siempre había sido estéril y tampoco había podido tener hijos. Todo el mundo creyó que aquello era un milagro, una señal de Dios, y ahora María veía que a ella iba a sucederle algo parecido.

Por la noche, José notó que María estaba muy distraída, como si no estuviera presente, pues no le hacía ningún caso.

—María —preguntó José—. ¿Qué te ocurre? ¿Te encuentras mal? ¿Tienes algún problema que te preocupa?

Y María, sin dudarlo, le explicó a su prometido la aparición del ángel de Dios y el anuncio que le había llevado.

EL NACIMIENTO DE JESÚS

ero parecía que no todo sería felicidad. Por aquellos tiempos, Augusto, el emperador romano, ordenó que se realizase un censo de toda la población del imperio; es decir, un recuento de todos sus ciudadanos. Para ello, cada ciudadano, estuviese donde estuviese, debía trasladarse a su lugar de nacimiento.

Como José había nacido en Belén, un pequeño pueblito de Judea, tuvo que viajar hasta allá, pero se llevó con él a

María, la cual todavía estaba embarazada. Pero al llegar a Belén, y como aquellos días mucha gente andaba de un lado para otro debido a la orden del emperador, José y María no encontraron ninguna posada para pasar aquella fría noche del mes de diciembre.

La nieve caía sobre la pareja de enamorados, pero ambos intentaron dormir a la intemperie, sin la protección de un techo que les proporcionara calor. Pronto se dieron cuenta de que no soportarían el terrible frío, y, además, María empezó a sentir los primeros síntomas que le indicaban que su hijo pronto llegaría al mundo.

Esperanzados, caminaron un poco más y llegaron a la última posada de Belén. Le explicaron al dueño el estado en que se

encontraba María y aquel hombre les permitió quedarse en el establo de los animales, pues no tenía disponible ningún otro lugar.

José y María aceptaron, y como el establo estaba lleno de vacas, ovejas y asnos, la temperatura era bastante cálida. Al ver a los humanos, los animales se sorprendieron, sobre todo cuando María se recostó sobre un montón de paja y tuvo a su hijito.

Jesús había nacido y María le daba gracias a Dios por aquel regalo. José puso a Jesús en los brazos de María y ella empezó a acariciarlo y se sintió la mujer más feliz de la Tierra, pues estaba experimentando lo que se sentía ser madre. También se acercaron al niño un viejo buey y un pequeño asno, para dar calor con su aliento al recién nacido.

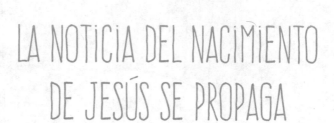

LA NOTICIA DEL NACIMIENTO DE JESÚS SE PROPAGA

El mundo pronto se empezó a enterar del nacimiento de Jesús, el Hijo de Dios. Los primeros en saberlo fueron unos pastores que se hallaban en sus chozas, cuya sorpresa fue mayúscula cuando un ángel iluminó el cielo, se detuvo sobre sus cabezas y les dijo:

—No tengan miedo. Vine a traerles buenas noticias. En Belén, la ciudad donde nació el rey David, el mejor monarca que jamás tuvieron los judíos,

acaba de nacer el Salvador de los hombres.
Se llama Jesús y todos deben acudir a visitarlo
cuanto antes. No caminarán demasiado;
está en un portal muy cercano, echado en
un pesebre, y sólo lo cubren unos humildes
pañales.

Mientras el ángel hablaba con los pastores,
voces de otros ángeles se oían en el cielo.
Aquellas voces decían cantando:

—¡Que Dios tenga gloria en el cielo y que
los hombres tengan paz en la Tierra!

Sin perder un instante, los devotos
pastores reaccionaron ante el anuncio del ángel
y se pusieron en camino sin importarles el mal
tiempo que hacía. Los pastores, debido a la
dura vida que soportaban todos los días en el

campo, estaban acostumbrados a las peores condiciones del clima.

Al llegar al portal, los pastores se arrodillaron para adorar al niño Jesús. Algunos chamacos le hacían preguntas a José, quien respondía amablemente, y pronto corrían para anunciar la llegada del Salvador a quien no lo supiera. Mientras tanto, María, aunque no pronunciaba palabra alguna, continuaba observando con todo su amor a Jesús, al hijo que había tenido con Dios por medio del Espíritu Santo.

Conforme más gente se enteraba de lo que había sucedido en Belén, más personas llegaban al portal para ver al Hijo de Dios en persona y adorarlo. Uno de los hombres que acudieron, un tal Simón, dijo que en una

ocasión Dios le anunció que no moriría sin haber visto al Salvador, y efectivamente, días después, cuando se purificó a María y Jesús fue presentado en el templo, Simón lo tomó en sus brazos y lo elevó hacia el cielo para darle las gracias a Dios; entonces, Simón murió con una gran sonrisa de felicidad.

Jesús, ajeno a todo lo que pasaba a su alrededor pues no era más que un bebé, descansaba unas veces en los brazos de María y otras sobre el montón de paja.

LOS MAGOS DE ORIENTE

En Persia y la India, tierras muy lejanas al Oriente, vivían ciertos hombres a quienes los habitantes de aquellos lugares llamaban Magos, pues se decía que sabían las cosas que ocurrían en los cielos y que los reyes de aquellos países siempre les pedían consejo cuando se encontraban en situaciones complicadas.

Una noche, mientras los Magos observaban el cielo, vieron una estrella que jamás habían visto. Semejante acontecimiento les causó tanta sorpresa,

que estuvieron largo tiempo discutiendo entre ellos de qué se trataba. Finalmente, llegaron a la conclusión de que aquella magnífica y resplandeciente estrella significaba que algún suceso muy importante había ocurrido en algún sitio.

La estrella, que en aquel momento parecía estar sobre sus cabezas, se dirigía lentamente hacia el este, de modo que los Magos decidieron seguirla para enterarse de lo que había sucedido. Pero antes de partir se dedicaron a consultar sus libros para ver si decían algo acerca de aquel fenómeno. Y efectivamente, en una de las páginas de sus

grandes libros, descubrieron que la estrella anunciaba que en Belén había nacido el rey de los judíos, y que debían seguirla para rendirle homenaje.

Los Magos de Oriente prepararon su equipaje y se dispusieron para iniciar la marcha hacia Belén. Alistaron varios camellos y guardaron comida suficiente para no pasar hambre durante el viaje. También cargaron varias tiendas de campaña donde poder descansar y dormir, y se hicieron acompañar por sus sirvientes y por músicos para que el recorrido fuese menos pesado.

Después de varios días de viaje, los Magos de Oriente llegaron al palacio del rey de Judea, llamado Herodes. El rey los recibió y les dio buen trato, pero les preguntó hacia dónde

iban. Los Magos sólo le dijeron que viajaban para visitar y rendirle homenaje al rey de los judíos, y que seguían a la nueva estrella. Pero Herodes, que era un hombre misterioso y malvado, aprovechó un momento en el que los Magos descansaban y convocó a sus sacerdotes y les preguntó dónde había nacido el Salvador de los judíos.

Los sacerdotes, después de revisar los libros sagrados, le dijeron a Herodes que hacía cientos de años los profetas habían predicho que el Salvador nacería en Belén.

Herodes sintió miedo y rabia, pues no estaba dispuesto a perder el poder por nada del mundo. Si al recién nacido lo veían los judíos como su rey, ¿qué ocurriría con él? De todos modos, no expresó sus avaros

sentimientos ante los Magos y continuó dándoles las mejores atenciones mientras estuvieron en su palacio.

—Ya sé que ese niño a quien buscan ha nacido en Belén —les dijo Herodes a los Magos de Oriente—. Cuando lo encuentren y lo hayan adorado como merece, me gustaría que en su camino de regreso hacia Oriente se detuviesen en mi palacio y me dijeran el lugar exacto donde está, pues yo también quisiera ir hasta allá para rendirle mi particular homenaje.

Los Magos de Oriente no sospecharon que la intención de Herodes era saber dónde había nacido el niño Jesús para después ir a matarlo. Así, ese mismo día partieron hacia Belén.

Al llegar al portal donde se hallaban felizmente Jesús, María y José, los Magos se arrodillaron y le ofrecieron al niño los magníficos regalos que le habían llevado. Uno de los Magos dejó junto a la cuna de Jesús varios sacos de oro; otro, un cofre repleto de un incienso de aroma muy fino; y uno más, un cofre de mirra, la cual también despedía un aroma exquisito.

Una vez que los Magos de Oriente rindieron homenaje al niño Jesús, salieron de Belén para regresar a sus tierras, pero durante el camino pensaron en detenerse en el palacio del rey Herodes. Como el palacio estaba a un día de camino de Belén, al caer la noche desplegaron sus tiendas para descansar.

A la mañana siguiente, los Magos hablaron entre ellos y descubrieron que todos habían tenido el mismo sueño. Un ángel les había anunciado que no debían regresar al palacio de Herodes, sino que era mucho más conveniente tomar otro camino para volver a sus tierras.

Los Magos de Oriente supieron inmediatamente que el sueño era una señal divina y que debían obedecer, ya que si no lo hacían, algo malo sucedería.

Y así fue como los Magos ordenaron su caravana de camellos y regresaron a su país sin visitar el palacio de Herodes, pero el rey de Judea no se quedó de brazos cruzados y siguió pensando cómo podía encontrar al recién nacido.

LA MULTIPLICACIÓN DE LOS PANES Y LOS PECES

Un día, mientras Jesús se hallaba con sus discípulos en la cima de un monte que había justo en una orilla del mar de Galilea, vio que una multitud se acercaba en varias barcas.

Entonces, Jesús le dijo a Felipe, uno de sus discípulos, de quien quería probar su bondad:

—Felipe, ¿qué les daremos de comer a esas buenas personas que se acercan para estar conmigo?

—Haría falta una enorme cantidad de pan para satisfacer el hambre de tanta gente —contestó Felipe al ver que eran miles quienes se dirigían al monte.

Andrés, otro de los discípulos de Jesús, quiso participar en la conversación, y dijo:

—Uno de nosotros tiene cinco panes y dos peces. ¿Cómo podrá comer tanta gente con tan pocos alimentos?

Pero Jesús, que ya sabía lo que iba a hacer, les dijo a sus discípulos:

—En cuanto lleguen aquí arriba, díganles que se pongan cómodos y no se preocupen por nada.

Aquel lugar era un terreno muy amplio, de modo que las 5,000 personas que

desembarcaron pudieron recostarse a descansar y estar cerca de Jesús.

Durante varias horas, Jesús les estuvo hablando de su doctrina y curó a muchos de ellos, quienes estaban heridos o enfermos. Pero con el paso de las horas, aquellas personas empezaron a tener hambre.

Pedro se acercó a Jesús y le dijo:

—Señor, aquí están los cinco panes y los dos peces. No creo que sirvan de mu pero quizá sea bueno repartirlos entre los enfermos y los niños.

Entonces, Jesús tomó los panes y los peces y empezó a repartirlos entre todas las personas que había en la cima del monte. De la canasta donde estaban los alimentos, Jesús sacaba

panes y peces sin que se acabasen, de modo que nadie se quedó sin comer.

Los discípulos y la demás gente miraban a Jesús con gesto de sorpresa. ¡Jesús había vuelto a demostrar que podía conseguir cosas imposibles! ¡Había hecho un nuevo milagro! ¡Había multiplicado los panes y los peces para dar de comer a 5,000 personas!

Cuando acabaron de comer, Jesús les dijo a sus discípulos que recogiesen los alimentos que habían sobrado, pues no era correcto desperdiciar la comida.

Sus discípulos obedecieron y llenaron 12 cestas de panes y peces, todo lo que aquella gente no había podido comerse.

JESÚS CAMINA SOBRE LAS AGUAS

Después de dar de comer a toda aquella gente, Jesús les dijo a sus discípulos que subiesen a la barca y que se dirigieran a la otra orilla del mar mientras él se despedía de la multitud.

Al acabar de despedirse, Jesús quiso subir a la cima del monte para orar y estuvo allí muchas horas, hasta bien entrada la noche. Para entonces, las olas ya habían arrastrado a la barca a mar abierto, muy lejos de donde estaba Jesús, pero Jesús no se preocupó

y se acercó a sus discípulos caminando tranquilamente sobre las aguas.

Cuando sus discípulos se dieron cuenta de que las olas los habían alejado de la orilla, se asustaron mucho. Sin embargo, su sorpresa fue mayor cuando vieron una silueta que caminaba hacia ellos sobre el mar.

—¡Un fantasma viene hacia nosotros! —exclamaron.

Pero Jesús, para calmarlos, les habló desde donde estaba.

—¡No tengan miedo! —les gritó—. ¡Soy yo! ¿Acaso no me reconocen en la noche?

Los discípulos no acababan de creer que aquella persona que caminaba sobre las aguas era Jesús, de modo que Pedro le gritó:

—¡Señor, si de verdad eres tú, haz que yo pueda caminar sobre las aguas para acercarme a ti!

Y Jesús le respondió:

—Está bien, Pedro. ¡Ven hacia mí!

De inmediato, Pedro descendió de la barca y puso un pie en el mar. Luego empezó a caminar y poco a poco se acercó hacia donde estaba Jesús; pero, cuando aún no había llegado, Pedro tuvo miedo del fuerte viento que soplaba y comenzó a hundirse.

—¡Señor, sálvame! —gritó desesperado.

Jesús extendió la mano para que Pedro no se hundiese y le dijo:

—¡Hombre de poca fe! ¿Por qué dudaste?

Ambos se dirigieron a la barca y subieron a ella; entonces, el viento dejó de soplar y los discípulos adoraron a Jesús.

—¡Está claro que eres el Hijo de Dios! —dijeron todavía sorprendidos—. Nadie que no lo fuera podría caminar sobre las aguas.

LA RESURRECCIÓN DE LÁZARO

En una aldea llamada Betania, cerca de Jerusalén, vivían tres hermanos: un hombre, Lázaro, y dos mujeres, Marta y María. Jesús conocía y estimaba a aquellas tres personas pues solía

visitar su casa con frecuencia.

Como Lázaro trabajaba en el campo todo el día, Marta y María se encargaban de atender a Jesús cuando acudía a Betania. Marta se encerraba en la cocina y preparaba los platillos más

deliciosos para ofrecérselos a Jesús. Mientras, María se sentaba a los pies del Señor Jesús y lo escuchaba con atención mientras él pronunciaba palabras divinas.

Un día, Marta se quejó delante de Jesús y le reprochó a su hermana María que no se dedicase a las labores del hogar cuando el visitante llegaba. A Marta le parecía que sólo ella trabajaba mientras María se sentaba para escuchar a Jesús. María se sintió mal por el reproche de su hermana, y entonces Jesús le habló a Marta para decirle:

—A ambas las estimo del mismo modo. No debes reprocharle a tu hermana que se quede escuchándome mientras tú trabajas en la cocina. Tan importante es escuchar la palabra del Señor como preparar su casa.

Con esto, Marta comprendió que no debía molestarse con su hermana María por aquel asunto, pues ambas amaban a Jesús, aunque de distinta forma.

Pero un día sucedió algo inesperado. Mientras Jesús estaba con sus discípulos recibió la noticia de que Lázaro había enfermado gravemente. Entonces, él dijo:

—No hay por qué preocuparse. Esta enfermedad no acabará en muerte; servirá para que el Hijo de Dios sea glorificado.

Todavía permaneció Jesús dos días más en el lugar donde estaba con sus discípulos. Después, les dijo que se pusieran en camino hacia Judea, y añadió:

—Nuestro querido amigo Lázaro duerme, de modo que visitaré Betania para despertarlo.

—Señor —repusieron sus discípulos—, si Lázaro duerme, pronto se curará.

Pero Jesús sabía que Lázaro no dormía, sino que ya había muerto.

—Lázaro no duerme; está muerto —dijo Jesús—. Y ya verán ustedes que ha sido bueno el hecho de que yo no estuviera allá cuando eso ocurrió.

Cuando Jesús y sus discípulos llegaron a Betania, hacía cuatro días que Lázaro estaba enterrado en su sepulcro. Marta se enteró de la llegada de Jesús y salió a recibirlo, mientras María se quedaba en casa.

—¡Señor, si hubieras estado aquí, mi hermano no habría muerto! —exclamó Marta al ver a Jesús. —Pero como todo lo que le pides a Dios, Él te lo concede, pídele ahora que mi hermano vuelva a vivir.

—Mi querida Marta —le contestó Jesús—, Lázaro resucitará. Quien cree en mí, aunque muera, vivirá. Además, quien vive y cree en mí nunca morirá. ¿Crees mis palabras?

—Sí, Señor —le dijo Marta—. Siempre creí que tú eras el Hijo de Dios.

Entonces, Marta corrió a avisar a su hermana María que Jesús había llegado. María salió corriendo de casa y fue a buscar a Jesús, y algunos judíos que estaban con ella también hicieron lo mismo.

—¡Señor, si hubieras estado aquí, mi hermano no habría muerto! —le dijo María a Jesús mientras lloraba y se arrodillaba a sus pies.

Jesús se conmovió con los llantos de Marta y María, y les preguntó:

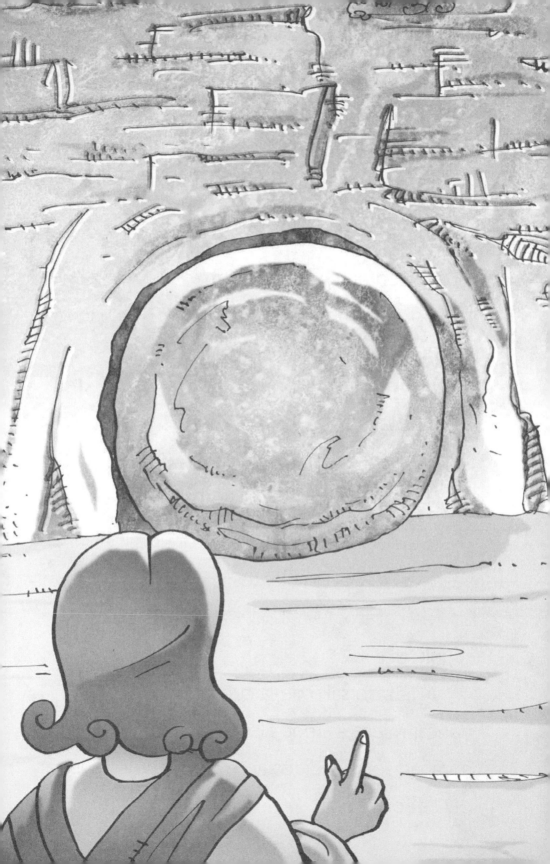

—¿Dónde dejaron el cuerpo de Lázaro?

Las hermanas y los judíos llevaron a Jesús y sus discípulos a una cueva cuya puerta estaba tapada con una piedra enorme. Una vez allí, Jesús ordenó que quitasen la piedra, y cuando esto sucedió, alzó los ojos al cielo y dijo:

—Padre, gracias por haberme oído. No hice esto porque desconfíe de ti, sino para que la gente vea una vez más que soy tu enviado.

Cuando Jesús acabó de pronunciar estas palabras, dijo las siguientes:

—¡Lázaro, levántate y anda! ¡Sal de tu sepulcro!

Y Lázaro salió de la cueva más vivo que nunca, mientras todos los allí presentes lo miraban sorprendidos ante un nuevo milagro del Señor.

EL CIEGO RECUPERA LA VISTA

Un día, mientras Jesús caminaba, vio a un hombre ciego de nacimiento que pedía limosna a un lado del camino. Al verlo también sus discípulos, le preguntaron a Jesús:

—Señor, ¿por qué este hombre nació ciego? ¿Acaso pecaron sus padres o él mismo?

—Ni él pecó ni tampoco sus padres —les contestó Jesús—. Este hombre nació ciego para que las obras de Dios pudieran manifestarse en él, y para eso me envió a mí.

Entonces, Jesús escupió en la tierra y con el lodo que se produjo untó los ojos del ciego.

—Ahora ve a lavarte en el estanque de Siloé —le dijo Jesús al ciego—, y regresa cuando lo hayas hecho.

El ciego obedeció y se dirigió hacia el estanque de Siloé. Cuando llegó, se lavó bien los ojos y recuperó la vista. Al verlo, sus vecinos se preguntaban unos a otros si aquel hombre era el mismo mendigo que se sentaba en el camino para pedir limosna. Algunos decían que sí, otros que no, pero que se le parecía. Entonces, el hombre que había recuperado la vista, dijo en voz alta:

—¡Yo soy aquel hombre que era ciego y pedía limosna!

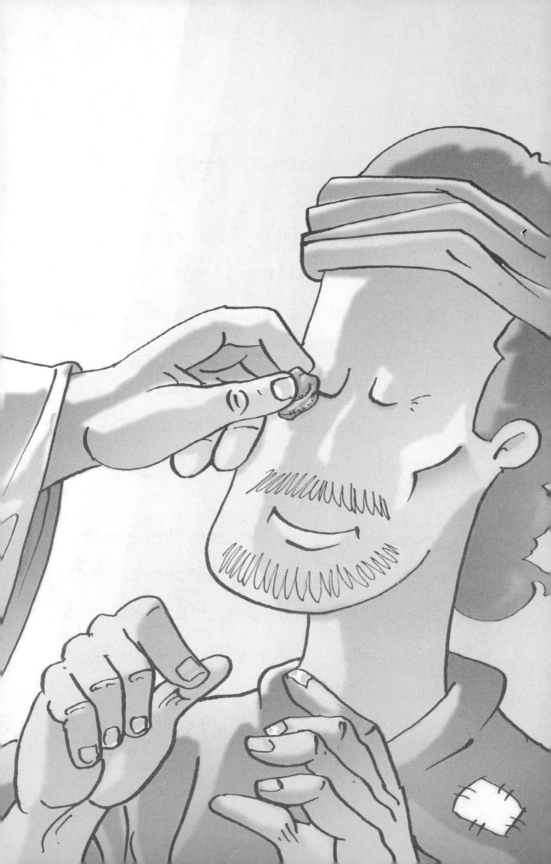

Todos los miraron con gesto de sorpresa, y alguien le preguntó:

—¿Cómo puedes ver si antes eras ciego?

—Un hombre llamado Jesús me untó lodo en los ojos y me dijo que fuera al estanque de Siloé a lavarme —respondió—. Hice lo que me aconsejó y… ¡recuperé la vista!

—¿Dónde está ese hombre llamado Jesús? —preguntó la multitud que lo rodeaba.

—No sé —dijo él.

Aquellos hombres llevaron al que antes era ciego ante los fariseos, quienes respetaban el sábado como día de descanso. Cuando los fariseos supieron cómo había recuperado la vista aquel hombre, algunos de ellos dijeron:

—Ese Jesús no puede ser un hombre de Dios, pues ha trabajado hoy, que es sábado.

Pero otros repusieron:

—Un hombre que hace tantas buenas acciones no puede ser un pecador.

Entonces tomó la palabra el que había recuperado la vista y les dijo:

—Quien me ha devuelto la vista es un gran profeta.

Los fariseos no creyeron nada de lo que aquel hombre les decía, de modo que mandaron llamar a sus padres para interrogarlos.

—Ésa es la verdad —contestaron los padres—, aunque no sabemos cómo ha recuperado la vista. Nuestro hijo ya es mayor, pregúntenle a él.

De modo que los fariseos centraron nuevamente su atención en el hombre que antes era ciego.

—¡Jesús es un pecador! —exclamaron.

—Yo no sé si Jesús sea un pecador —repuso el hombre—, pero a mí me ha devuelto la vista.

—¡Explícanos cómo lo hizo! —le ordenaron los fariseos.

—¡Ya lo he dicho antes! ¿Por qué tanta pregunta? ¿Acaso quieren ser sus discípulos?

—¿Sus discípulos? —respondieron los fariseos indignados—. Nosotros somos discípulos de Moisés. Dios habló por boca de Moisés, pero ese Jesús no sabemos quién es.

—Dios no oye a los pecadores, sólo a quien le teme y le obedece —contestó el hombre que había recuperado la vista—. Por eso ustedes no saben quién es y a mí me ha curado. ¿Quién podría abrirle los ojos a

un ciego? ¡Sólo Dios! ¡No se necesitan más pruebas!

—¡Fuera de aquí, pecador! —exclamaron furiosos los fariseos—. ¡Es ofensivo que tú quieras enseñarnos algo a nosotros!

Y el hombre que había sido ciego se marchó, expulsado por los fariseos de su sinagoga.

Pero Jesús oyó que lo habían expulsado y acudió a hablar con él.

—¿Crees en mí? —le preguntó Jesús.

—Creo en ti y te adoro, Señor —respondió el que había sido ciego.

—Ya ves, entonces, que los pecadores son ésos que no han creído tus palabras —dijo Jesús, mientras algunos de los fariseos escuchaban.

LAS BODAS DE CANÁ

En Caná, una ciudad de Galilea, un día se celebraba una boda. Entre los muchos invitados estaban María, José, Jesús y sus discípulos.

Después de la ceremonia, se sirvieron las mesas para que la gente pudiera disfrutar del banquete, pero María se dio cuenta de que faltaba vino para acompañar los alimentos.

—Jesús —le dijo a su hijo—, el poco vino que tienen pronto se acabará.

—No te preocupes —respondió Jesús—, pronto habrá más.

Entonces, Jesús vio que en el lugar había seis tinajas para agua, pues eran imprescindibles para los ritos judíos de la purificación. Inmediatamente, les dijo a los sirvientes que llenaran con agua aquellas tinajas hasta el borde. Cuando estuvieron llenas, Jesús ordenó a los sirvientes que se las llevaran al invitado más importante del banquete.

Aquel hombre se sorprendió al probar el contenido de las tinajas y darse cuenta de que era un vino delicioso. Entonces, llamó al novio y le dijo:

—Siempre suele servirse el buen vino al principio, y se guarda el malo para cuando los invitados ya han bebido bastante, pero tú has

hecho lo contrario: primero sacaste el malo y ahora nos das un vino delicioso.

El novio, extrañado pues sabía que en aquellas tinajas anteriormente sólo había agua, no supo qué decir ante las palabras del invitado. Y mientras aquel hombre hablaba y proponía un brindis con aquel delicioso licor, los sirvientes se miraron unos a otros y sonrieron, pues ellos sí sabían de dónde había salido el vino.

Historias de la Biblia para niños,
de Francisco J. Fernández Defez,
fue impreso en septiembre de 2023,
en Impreimagen, José María Morelos
y Pavón, manzana 5, lote 1, Colonia
Nicolás Bravo, CP 55296, Ecatepec,
Estado de México.